Edmund Wild

Kleine Sprachspiele für jeden Tag

1./2. Klasse

Persen Verlag

Gedruckt auf umweltbewusst gefertigtem, chlorfrei gebleichtem und alterungsbeständigem Papier.

3. Auflage 2020
© 2009 PERSEN Verlag, Hamburg
AAP Lehrerwelt GmbH
Alle Rechte vorbehalten.

Illustrationen: Barbara Gerth
Satz: Satzpunkt Ursula Ewert GmbH, Bayreuth

ISBN 978-3-8344-3482-1

www.persen.de

Inhaltsverzeichnis

4 Vorwort
5 Zum Umgang mit dem Material
5 Was das Material leistet

Wir lernen einander kennen

6 Das Atom-Spiel
7 Die Autogramm-Jagd

Wir turnen und schreiben

8 Das Mondgesicht
9 Das Pferdchen läuft im Zickzack
10 Der Uhu in der Geisterbahn
11 Der Luftballon und das Osterei
12 Der Torschuss
13 Du kriegst was auf den Buckel!

Wir spielen mit den Fingern

14 Meine Familie
15 Faust und Finger
16 Zippel und Zappel
17 Zehn kleine Zappelmänner

Wir spielen mit den Buchstaben

18 Vom Apfel bis zur Zwiebel –
   Anlautwörter
19 Die Hasenohren
20 Das zauberhafte B
21 Der Buchstaben-Salat – 3 Zutaten
22 Der Buchstaben-Salat – 4 Zutaten
23 Der Buchstaben-Salat – 5 Zutaten
24 Was im Schwein steckt
25 Wir bauen ein Traumhaus
26 Omas Romane
27 Freunde – vielleicht
28 Die Klassensprecherin spricht
29 Mädchen-Märchen

Wir untersuchen die Wörter

30 Wörter in 3 Kästchen packen
31 Wörter in 4 Kästchen packen
32 Wörter in 5 Kästchen packen
33 Die Familie in Kästchen
34 Die Krankheit

Wir lernen neue Wörter

35 Wenn der Storch plappert
36 Wenn die Biene bellt
37 Kuckuckseier
38 Was mag das Wort bedeuten?

Wir reimen

39 Abzählreime
40 Wenn das Wörtchen wenn nicht wär'
41 Nach dem Wecken
42 Josef Guggenmos: Die Tulpe
43 Josef Guggenmos: Mein Ball
44 Unsere Lehrerin

Wir lesen und schreiben

45 Schau genau!
46 Vorsicht, Grube!
47 Der starke Alexander
48 Pias Fahrrad

Wir hören und sprechen

49 Rauch im Bauch
50 Das Kind im Wind

Wir lernen viele Sprachen

51 Abzählreime in anderen Sprachen
52 Guten Morgen!

Vorwort

Das Reich der Sprache

*„Wenn ein Kind lesen gelernt hat und gern liest, entdeckt und erobert es eine zweite Welt, **das Reich der Buchstaben**. Das Land des Lesens ist ein geheimnisvoller, unendlicher Erdteil. Aus Druckerschwärze entstehen Dinge, Menschen, Geister, Götter, die man sonst nicht sehen könnte."*
(*Erich Kästner*)

Am glücklichsten in ihrem Beruf dürfte die Grundschullehrerin* sein, die den Anfangsunterricht übernommen hat. Während die Fachlehrerin in der Sekundarstufe nicht recht einschätzen kann, welchen Anteil am Lernzuwachs oder den Bildungslücken ihrer Schüler/-innen sie selbst hat, kann sich die Grundschullehrerin in dem stolzen Bewusstsein sonnen: Was die Kinder wissen, haben sie bei mir gelernt.

Denn: Von den **Kulturtechniken** noch unbeleckt, kommen die Kinder in die Schule. Und am Ende der 2. Klasse können sie Aufgaben rechnen, einfache Gedichte verfassen, ganze Bücher lesen und ihren Schulweg beschreiben. Die Sprache, die die Kinder bisher unbefangen gebrauchten, öffnet ihnen jetzt ein Tor zu ganz neuen Welten. Plötzlich dehnt sich der Horizont weit über die unmittelbare Erfahrung hinaus. **Sprache und Schrift sind der Weg**, und die Lehrerin lenkt die ersten wichtigen Schritte.

Kindliche Neugier

Wer einmal **Anfangsunterricht** erteilt hat, weiß aber auch, wie schwierig es ist, etwas zu lehren, was man unbewusst anwendet und was einem deshalb so einfach erscheint. Immer wieder sind wir über die scheinbar naiven Warum-Fragen der Kinder verblüfft. Warum ist das so – und nicht anders? „Warum wird ‚Kind' großgeschrieben? Es ist doch noch so klein!" „Warum heißt es *fliegen* und *geflogen*, aber nicht *liegen* und *gelogen*?"

Ja, warum eigentlich?

Wer Schulanfänger unterrichtet, muss **das einfache Denken lernen**. Hier ist kein Platz für weitschweifige Erklärungen und schwafelnde Ausfüh-

---

* Da in Grundschulen mehr Frauen als Männer unterrichten, wurde durchgängig die weibliche Form gewählt.

rungen, hinter denen sich oft nur wissenschaftliche Unsicherheit verbirgt. Wenn die Grundschullehrerin einen Sachverhalt lehren will, muss sie ihn in seine kleinen überschaubaren Elemente zerlegen und den Schülerinnen/Schülern in kindgerechter Sprache darlegen. Das zwingt zur Präzision. Die Formulierung wird zur Herausforderung. Allein dies ist ein Grund für die Lehrerin, an und mit ihrer Sprache zu basteln und die Freude daran auf die Schüler/-innen zu übertragen.

Zwei Gesichter

Unsere Sprache hat zwei Gesichter. Sie dient einerseits als Medium der Information; sie ist aber andererseits selbst Arbeitsmaterial, mit dem sich die Schüler auch **spielerisch auseinandersetzen** können. Und das ist das Thema dieses Buches. Die Sprache wird als etwas Lebendiges erfahren, als eine Norm, die man verändern kann, ja, als ein Spielgerät.

So können die Schüler/-innen durchaus die Sprachentwicklung nachvollziehen, wenn sie erkennen, wie aus dem Laut, den die Katze ausstößt, das Verb *miauen* wurde. Oder sie stellen erstaunt fest, dass man in dem Wort *Mädchen* nur einen Buchstaben ändern muss, um ein Wort mit einer völlig andern Bedeutung (*Märchen*) zu bekommen. Sie werden durch Abzählreime, Sprüche und kleine Gedichte an Versmaß und Reimschema herangeführt, und ihre Rechtschreibung wird durch die unterschiedlichsten Übungen spielerisch gefestigt.

Muttersprache und Zweitsprache

Unsere Sprache bietet eine Vielzahl an Möglichkeiten, sich mit ihr auf kurzweilige Art zu beschäftigen. Dieses Buch zeigt eine Vielzahl davon auf und erlaubt der Lehrerin, ihren Unterricht zu beleben und aufzulockern und gleichzeitig **das Sprachgefühl zu entwickeln**.

Daraus ziehen besonders **Kinder mit Migrationshintergrund** ihren Nutzen. Sie begegnen Beispielen aus der deutschen Kultur (Fingerspiele, Abzählreime), sie erweitern ihre Ausdrucksfähigkeit (Tierlaute, Anlautwörter), und die gereimten Texte (Gedichte, Sprüche) prägen sich leichter ein. Im Sinne der **interkulturellen Begegnung** sollte die Lehrerin aber auch die anderen Muttersprachen in ihren Unterricht einbeziehen. Oft ergeben sich interessante **Vergleiche in Wortschatz und Struktur**. Und warum begrüßt man sich nicht morgens in allen Sprachen, die in der Klasse vertreten sind?

Also:

Guten Morgen	(deutsch)
Good morning	(englisch)
Dzien' dobry	(polnisch)
Günaydın	(türkisch)
Buenos días	(spanisch)
Buongiorno	(italienisch)
Bom dia	(portugiesisch)
Bonjour	(französisch)
Dobry rano	(tschechisch)
Kalimera	(griechisch)
Jó reggelt	(ungarisch)
Dobroje utro	(russisch)
Boker tow	(hebräisch)
Sabach al cheir	(arabisch)

Zum Umgang mit dem Material

Die abwechslungsreichen Spiele und Übungen sind alle nach demselben Prinzip aufgebaut: Es gibt eine **Angabe zur Klassenstufe** und dem **Lernziel**. Dann folgt die **Aufgabenstellung** bzw. **Spielbeschreibung**, die bei Bedarf durch ein Beispiel erläutert wird.

Ob es sich um ein Arbeitsblatt (**AB** = Kopiervorlage) für die Hand der Kinder oder um eine Spielanregung für die Lehrerin (**L**) handelt, wird in der Kopfzeile ersichtlich. Manchmal wird ein Spiel auch in einen größeren Rahmen gestellt, und oft erhält die Lehrerin zusätzliche **Hinweise** und **Tipps**.

Darunter findet sich die **Lösung** der Aufgabe, sodass auch bei unverhofften **Vertretungsstunden in Deutsch** keine Frage offen bleibt.

Der obere Teil der Arbeitsblätter kann vor dem Kopieren an der „Abrisslinie" nach hinten gefaltet werden. Sollen die Kinder die Lösungen zum Abgleichen erhalten, werden sie einfach mitkopiert.

Was das Material leistet

✔ Die kreativen Spiele regen die Kinder an, Ähnliches zu entwickeln.

✔ Die Kinder denken über ihre Sprache nach.

✔ Die Kinder entwickeln Sprache, Bewegung und Rhythmus im Zusammenhang.

✔ Beide Gehirnhälften werden aktiviert.

✔ Die Themen stammen aus allen Bereichen des Deutschunterrichts.

✔ Die Seiten sind voneinander unabhängig. Das heißt, sie können spontan eingesetzt werden.

✔ Die Seiten eignen sich für den gelenkten und den offenen Unterricht.

✔ Es handelt sich um Lernspiele im Sinne des Wortes: Es wird gespielt und gelernt.

✔ Viele Spiele sind für Schüler mit Migrationshintergrund besonders geeignet, denn sie schulen und erweitern den Ausdruck.

L

Das Atom-Spiel

Klasse 1 und 2

Ziele
→ auf sprachliche Signale reagieren
→ miteinander in Kontakt treten
→ Berührungsängste überwinden

Spiel Die Kinder bewegen sich gehend oder laufend durch die Klasse (über den Schulhof, durch die Turnhalle).
Wenn die Lehrerin eine Zahl ruft, bilden die Kinder Gruppen, die der Zahl entsprechen. Dabei umklammern die Kinder einander, oder sie fassen sich an den Händen.
Wer keine Gruppe findet, scheidet aus.

Beispiel: Die Klasse hat 27 Schülerinnen und Schüler. Die Lehrerin ruft: „6!"
Es bilden sich vier **Sechser-Gruppen**. Drei Schüler scheiden aus.

Tipps
1. Bei der Einführung des Spiels sollte immer wieder mit allen Kindern begonnen werden, auch mit den ausgeschiedenen. Erst später wird das echte Ausscheidungsspiel gespielt, bei dem zum Schluss nur zwei Kinder übrig bleiben.
2. Die Lehrerin kann die Zahl *rufen*, sie kann sie *mit den Fingern anzeigen* oder sie kann sie *klatschen*. Jedes Mal wird von den Kindern eine andere Art der Aufmerksamkeit verlangt.

Edmund Wild: Kleine Sprachspiele für jeden Tag
© Persen Verlag

Die Autogramm-Jagd

Klasse   2

Ziele
→ schnell reagieren
→ miteinander in Kontakt treten
→ Berührungsängste überwinden

Spiel   Jedes Kind geht mit seinem Arbeitsblatt zu seinen Mitschülerinnen und Mitschülern.
Wer einem der Sätze unten zustimmt, schreibt seinen Namen in das entsprechende Feld.
Jedes Kind darf sich höchstens zweimal auf demselben Blatt eintragen.
Wer sein Blatt mit Autogrammen gefüllt hat, bringt es zur Lehrerin.
Sie schreibt die Reihenfolge auf.

Tipps   1. Die Lehrerin kann die Aussagen ändern und so die Interessen der Kinder berücksichtigen.
2. Es können auch mehr oder weniger Felder beschriftet werden.

Aufgabe: Lass deine Mitschülerinnen und Mitschüler unterschreiben!

Meine Lieblingsfarbe ist Blau.	Ich esse gern Pizza.	Ich lese viel.
Ich habe ein Haustier.	Ich spiele Fußball.	Ich gehe gern zur Schule.

Das Mondgesicht

Klasse	1 und 2
Ziele	→ die Schreibmotorik verfeinern → Sprache und Bewegung miteinander verbinden
Hinweis	Vor dem kleinmotorischen Schreiben der Buchstaben sollten die Kinder einige Elemente großformatig „schreiben" – zum Beispiel das Mondgesicht.
Spiel	Die Lehrerin spricht das Gedicht und zeichnet dazu das Mondgesicht an die Tafel. Die Schüler/-innen sprechen und zeichnen mit: Dazu eignen sich dicke Stifte und Packpapier, alte Zeitungen, Tapetenreste usw.
Tipp	Zeitungsverlage geben gern Restrollen Papier ab.

das Gedicht	das Gesicht
Punkt, Punkt, Komma, Strich – fertig ist das Mondgesicht. Auge, Auge, Nase, Mund, das Gesicht ist kugelrund. Und das Haar, ob glatt, ob kraus, suchst du dir am besten aus.	

Edmund Wild: Kleine Sprachspiele für jeden Tag
© Persen Verlag

Das Pferdchen läuft im Zickzack

Klasse	1
Ziele	→ die Schreibmotorik verfeinern → Sprache und Bewegung miteinander verbinden
Hinweis	Vor dem kleinmotorischen Schreiben der Buchstaben sollten die Kinder einige Elemente großformatig „schreiben" und durch rhythmisches Sprechen begleiten.
Spiel	Die Lehrerin „schreibt" einen Spruch an die Tafel und spricht dazu. Die Schüler/-innen sprechen und „schreiben" mit: Dazu eignen sich dicke Stifte und Pack-papier, alte Zeitungen, Tapetenreste usw.

Im Galopp:

Die **fett** gedruckte Silbe wird betont. Dabei geht die Fahrt **abwärts**!

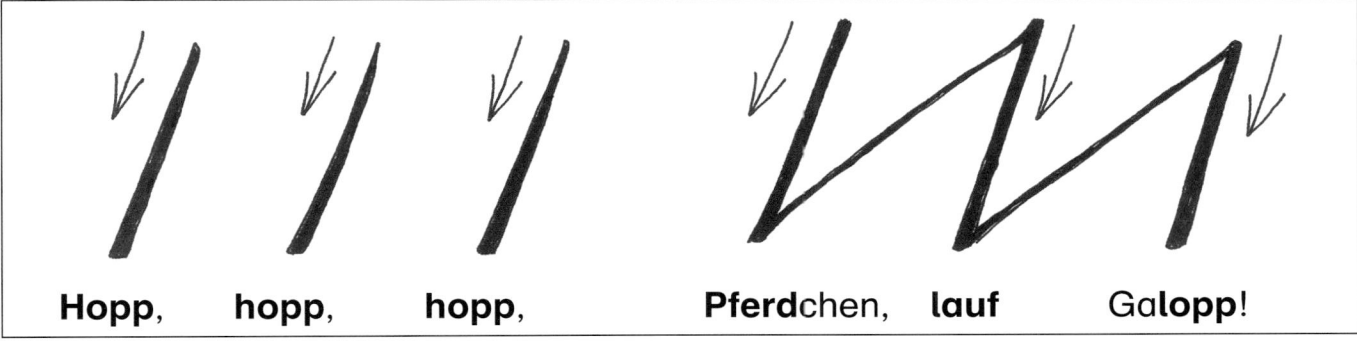

Hopp,   **hopp**,   **hopp**,   **Pferd**chen,   **lauf**   Ga**lopp**!

Der scheußliche Schnupftabak:

Die **fett** gedruckte Silbe wird betont. Dabei geht die Fahrt von links **nach rechts**.

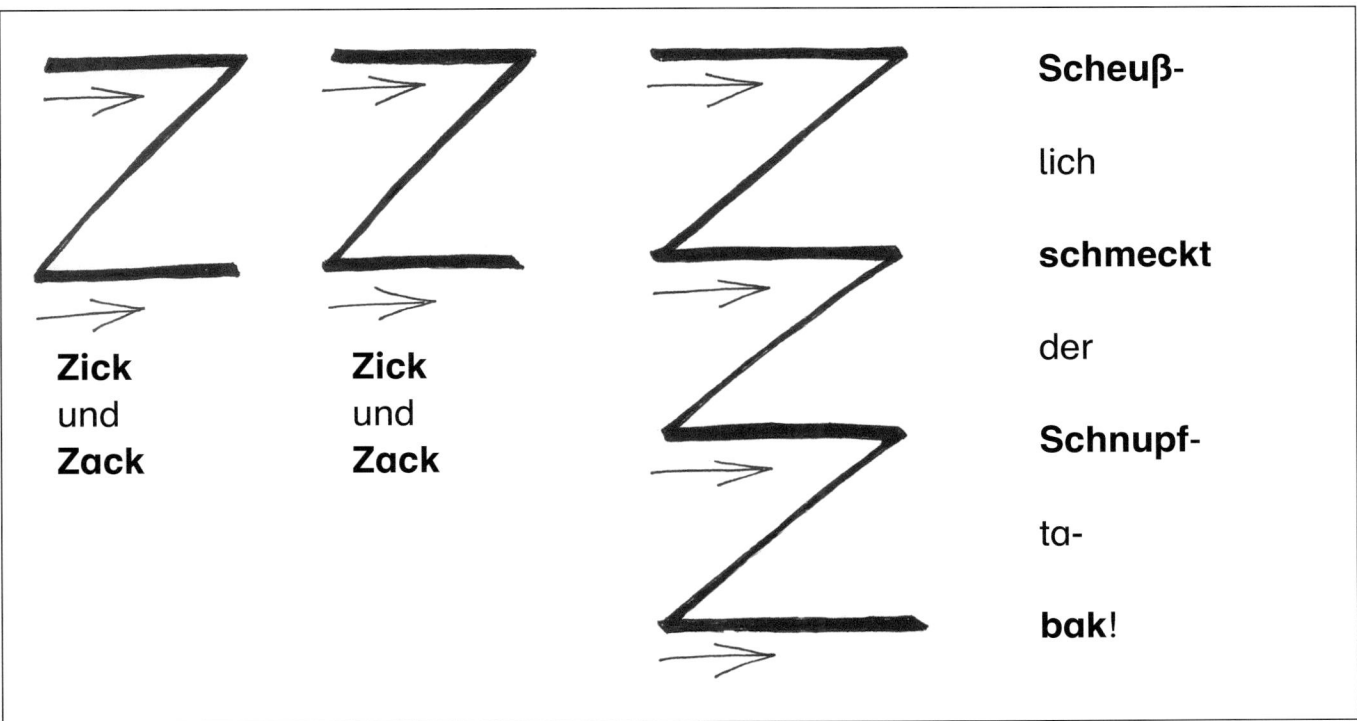

Zick   **Zick**   **Scheuß**-
und   und   lich
Zack   **Zack**   **schmeckt**
                        der
                        Schnupf-
                        ta-
                        bak!

L

Der Uhu in der Geisterbahn

Klasse	1
Ziele	➜ die Schreibmotorik verfeinern
	➜ Sprache und Bewegung miteinander verbinden
Hinweis	Vor dem kleinmotorischen Schreiben der Buchstaben sollten die Kinder einige Elemente großformatig „schreiben" und durch rhythmisches Sprechen begleiten.
Spiel	Die Lehrerin „schreibt" einen Spruch an die Tafel und spricht dazu.
	Die Schüler/-innen sprechen und „schreiben" mit: Dazu eignen sich dicke Stifte und Packpapier, alte Zeitungen, Tapetenreste usw.

Der Uhu ruft:

Die **fett** gedruckte Silbe wird betont. Dabei geht die Fahrt **abwärts**!

U-hu-**hu** und **u**-hu-**hu**,   **ruft** der **U**-hu **im**-mer-**zu**.

In der Geisterbahn:

Die **fett** gedruckte Silbe wird betont. Dabei geht die Fahrt **abwärts**!

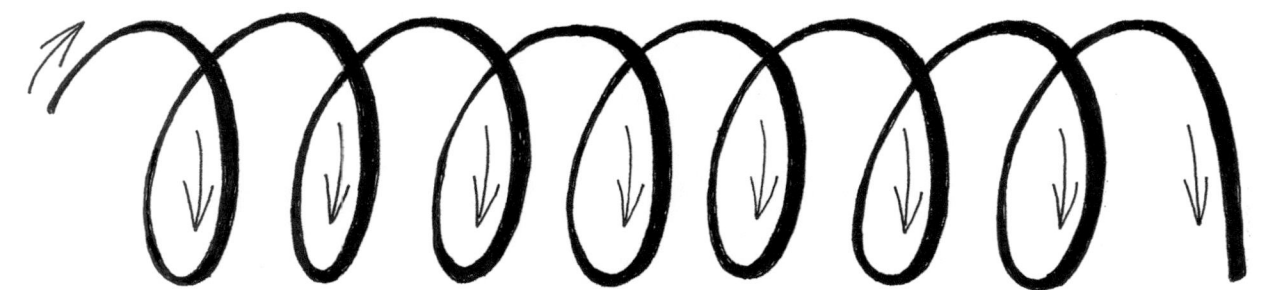

Wir **fah**-ren **mit** der **Geis**-ter-**bahn** und **brül**-len **al**-le **Mons**-ter **an**.

Edmund Wild: Kleine Sprachspiele für jeden Tag
© Persen Verlag

Der Luftballon und das Osterei

Klasse	1
Ziele	→ die Schreibmotorik verfeinern
	→ Sprache und Bewegung miteinander verbinden
Hinweis	Vor dem kleinmotorischen Schreiben der Buchstaben sollten die Kinder einige Elemente großformatig „schreiben" und durch rhythmisches Sprechen begleiten.
Spiel	Die Lehrerin „schreibt" einen Spruch an die Tafel und spricht dazu.
	Die Schüler/-innen sprechen und „schreiben" mit: Dazu eignen sich dicke Stifte und Packpapier, alte Zeitungen, Tapetenreste usw.

Der Luftballon:
Die **fett** gedruckte Silbe wird betont.

Luft-bal-**lon**,   **Luft**-bal-**lon**,   **flieg** da-**von**!

Das Osterei:
Die **fett** gedruckte Silbe wird betont.

Her**bei**, her**bei**, ein **Os**-ter-**ei**!

Der Torschuss

Klasse	1 und 2
Ziel	einen festen, gleichmäßigen Strich ziehen

Aufgabe: Ziehe einen gleichmäßigen Strich mit der freien Hand von jedem Spieler zum Tor und rufe dabei jedes Mal: **Ins Tor!**

Edmund Wild: Kleine Sprachspiele für jeden Tag
© Persen Verlag

Du kriegst was auf den Buckel!

Klasse 1 und 2

Ziele
→ die Buchstabenform großformatig ausführen
→ die Buchstabenform taktil erfahren
→ den Wortaufbau üben

Spiel Die Kinder schreiben ihrem Tischnachbarn mit dem Zeigefinger Wörter auf den Rücken, die der Nachbar erraten soll.
Vorher sagen sie an, ob sie Großbuchstaben, Kleinbuchstaben oder beides wählen.
Sie schreiben langsam und deutlich Buchstabe für Buchstabe.

Tipps
1. Druckschrift ist leichter zu erkennen als Schreibschrift!
2. Die Kinder beginnen mit dem Namen des Tischnachbarn oder kurzen Wörtern.
3. Sie schreiben nach vorheriger Ansage:
„schöne" Wörter wie: Mama, Papa, Blume, lieb
„böse" Wörter wie: hassen, schlagen, Angst
schwierige Wörter wie: Donnerstag, Mäppchen, Computerspiel
ganze Sätze wie: Ich bin deine Freundin.

L

Meine Familie

Klasse	1 und 2
Ziele	→ die einzelnen Finger unabhängig voneinander bewegen → die Bewegungen der Finger mit der Sprache koordinieren
Hinweis	Es fällt den Kindern leicht, die Faust zu öffnen und zu schließen. Schwieriger ist es, die Finger einzeln aus der Faust zu lösen. Das wird mit diesem Spiel geübt – mit der linken **und** mit der rechten Hand.
Spiel	Die Kinder malen lustige Gesichter auf ihre Fingerkuppen. Die Lehrerin zeigt, wie das Fingerspiel geht, die Kinder ahmen es nach.

das Gedicht	die Bewegungen
	Zuerst die Faust zeigen und dann einen Finger nach dem anderen ausstrecken:
Das ist die Mutter, lieb und gut.	⇨ den Daumen
Das ist der Vater, voller Mut.	⇨ den Zeigefinger
Das ist der Bruder, riesengroß.	⇨ den Mittelfinger
Das ist die Schwester, ganz famos.	⇨ den Ringfinger
Das ist das Baby, ziemlich klein.	⇨ den kleinen Finger
Das ist die ganze Familie mein.	Zum Schluss die geöffnete Hand zeigen.

Edmund Wild: Kleine Sprachspiele für jeden Tag
© Persen Verlag

Faust und Finger

Klasse	2
Ziele	→ die einzelnen Finger unabhängig voneinander bewegen → die Bewegungen der Finger mit der Sprache koordinieren
Hinweis	Es fällt den Kindern leicht, die Faust zu öffnen und zu schließen. Schwieriger ist es, die Finger einzeln aus der Faust zu lösen. Das wird mit diesem Spiel geübt – mit der linken **und** mit der rechten Hand.
Spiel	Die Lehrerin zeigt, wie das Fingerspiel geht, die Kinder ahmen es nach.

das Gedicht	die Bewegungen
	Zuerst die **Faust** zeigen und dann einen Finger nach dem anderen ausstrecken:
Das ist der **Kleine**, kann gar nichts alleine.	⇨ den **kleinen Finger**
Der trägt den **Ring**, das blitzende Ding.	⇨ den **Ringfinger**
Genau in der **Mitte** steht immer der Dritte.	⇨ den **Mittelfinger**
Dem ist zu eigen, auf etwas zu **zeigen**.	⇨ den **Zeigefinger**
Doch der **Daumen** verschafft der Hand erst die Kraft.	⇨ den **Daumen**
Was man allein nicht erreicht, geht **gemeinsam** ganz leicht.	Zum Schluss wieder die **Faust** zeigen.

Zippel und Zappel

Klasse	1 und 2
Ziele	→ die Bewegungen der Hände koordinieren → den Wechsel von Bewegung und Ruhe bewusst gestalten
Spiel	Die Lehrerin zeigt, wie das Fingerspiel geht, die Kinder ahmen es nach. Es wird ein Kind ausgewählt, das sich solange in einer Ecke des Klassenzimmers versteckt, bis sein Stichwort ertönt: *Da kommt ein Räuber um die Eck'.* Es versucht daraufhin, die Hände eines Mitschülers zu fassen.
Tipp	Dieses bewegungsintensive Spiel beginnt sehr lebhaft und endet mit Stille. Es bietet sich an, wenn es den Kindern nach der Pause schwerfällt, zur Ruhe zu kommen.

 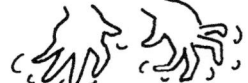 

das Gedicht	**die Bewegungen**
Guten Morgen, ihr Händchen! Wie heißt ihr denn?	Mit **beiden Händen** zappeln.
Ich heiße Zippel, und ich heiße Zappel.	Mit der **rechten Hand** zappeln. Mit der **linken Hand** zappeln.
Zippel und Zappel gehen auf die Reise,	Mit den Händen **auf den Tisch schlagen**.
zappeln hin und zappeln her,	Die Hände nach **rechts** und **links** bewegen.
zappeln kreuz und zappeln quer.	Die Hände **überkreuzen**.
Da kommt ein Räuber um die Eck'.	**Das versteckte Kind** kommt aus der Ecke und versucht, die Hände eines Kindes zu fassen.
Husch – sind Zippel, Zappel weg!	Alle verstecken die Hände **in den Achselhöhlen**.

Edmund Wild: Kleine Sprachspiele für jeden Tag
© Persen Verlag

Zehn kleine Zappelmänner

Klasse 1 und 2

Ziele
→ die Bewegungen der Finger koordinieren
→ sich in den Rhythmus eines Gedichts einfühlen
→ sich auf den Unterricht konzentrieren

Spiel Die Lehrerin zeigt, wie das Fingerspiel geht, die Kinder ahmen es nach.

Tipp Dieses bewegungsintensive Spiel beginnt sehr lebhaft und endet mit Stille.
Es bietet sich an, wenn es den Kindern nach der Pause schwerfällt, zur Ruhe zu kommen.

 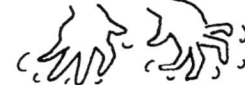 

das Gedicht	die Bewegungen
Zehn kleine Zappelmänner zappeln hin und her, zehn kleine Zappelmänner finden das nicht schwer.	⇨ Die zehn Finger wandern auf dem Tisch hin und her.
Zehn kleine Zappelmänner zappeln auf und nieder, zehn kleine Zappelmänner tun das immer wieder.	⇨ Die zehn Finger fliegen zappelnd in die Luft und kehren zum Tisch zurück.
Zehn kleine Zappelmänner zappeln ringsherum, zehn kleine Zappelmänner finden das nicht dumm.	⇨ Die zehn Finger zappeln in der Luft, während sich die Kinder einmal im Kreis drehen.
Zehn kleine Zappelmänner spielen gern Versteck, zehn kleine Zappelmänner sind auf einmal weg.	⇨ Die zehn Finger werden hinter dem Rücken versteckt.

Vom Apfel bis zur Zwiebel – Anlautwörter

Klasse	1 und 2
Ziele	➜ Wörter akustisch und optisch analysieren ➜ Laut, Buchstabe und Bild miteinander in Beziehung setzen
Hinweis	Optische und akustische Analysen gehören in jeden Anfangsunterricht. Die Kinder dringen in die ganzheitlich erfasste Wortgestalt ein und erkennen ihre Elemente: die Buchstaben. Dieser Prozess beginnt mit dem **Anfangsbuchstaben**.
Lösungen	

A	Apfel	**J**	Junge	**S**	Sonne
B	Buch	**K**	Katze	**T**	Tasche
C	Computer	**L**	Licht	**U**	Uhr
D	Dinosaurier/Dino	**M**	Maus	**V**	Vogel
E	Ente	**N**	Nase	**W**	Weg
F	Fenster	**O**	Ohr	**X**	Xylophon
G	Geld	**P**	Puppe	**Y**	Yak
H	Hund	**Q**	Quadrat	**Z**	Zwiebel
I	Igel	**R**	Raupe		

Aufgabe:

Suche die Wörter zu den Bildern im Wörterbuch.

Sprich sie dir vor und schreibe sie ihn dein Heft.

Edmund Wild: Kleine Sprachspiele für jeden Tag
© Persen Verlag

Die Hasenohren

Klasse	1 und 2
Ziele	→ den Wortschatz abrufen
	→ Wörter gedanklich aufbauen
Spiel	Die Lehrerin schreibt ein Wort an die Rückseite der Tafel (z. B.: **Hasenohren**).
	Dann schreibt sie an die Vorderseite der Tafel den Buchstaben **H**.
	Die Kinder sollen das Wort erraten. Sie melden sich und nennen Wörter, die mit **H** beginnen.
	Nach einer Weile schreibt die Lehrerin den nächsten Buchstaben dazu: **Ha**.
	Die Kinder nennen Wörter, die mit **Ha** beginnen usw.
Tipps	1. Mit diesem Spiel können leichte und schwierige Wörter langsam aufgebaut und gründlich geübt werden, z. B.: Stuhl, Kreide, Schule, Spitzer, Mäppchen, langsam, ruhig.
	2. Das Spiel eignet sich auch als **Partnerübung**.

Beispiel:

Die Lehrerin schreibt: Die Schüler raten, z. B.:

H   **H**erd, **H**und, **H**of, **H**and

Ha   **Ha**hn, **Ha**gel, **Ha**mmer

Has   **Has**t, **Has**elnuss, **Has**s

Hase   **Hase**n, **Hase**lnuss

Hasen   **Hasen**braten, **Hasen**stall

Haseno   **Haseno**hren

Das zauberhafte B

Klasse	2

Ziele
→ Wörter optisch analysieren
→ Wörter schnell wiedererkennen
→ Gemeinsamkeiten von Wörtern für die Rechtschreibung nutzen

Spiel
Durch das Davorsetzen des Buchstabens B zaubern die Kinder neue Wörter.

Lösungen

1.	Art	– Bart	8. ohne	– Bohne	15. rechen	– brechen
2.	Ass	– Bass	9. Rand	– Brand	16. Rille	– Brille
3.	Ecken	– Becken	10. rennen	– brennen	17. rauchen	– brauchen
4.	Engel	– Bengel	11. raten	– braten, Braten	18. reite	– Breite
5.	Esser	– besser	12. ringen	– bringen	19. ringen	– bringen
6.	Eule	– Beule	13. rot	– Brot	20. rief	– Brief
7.	ein	– Bein	14. Ruder	– Bruder		

Aufgabe:

Schreibe die Wörter in dein Heft. Dann setzt du ein **B** oder **b** vor jedes Wort und zauberst so neue Wörter. Achte dabei aber auf die großen und die kleinen Buchstaben!

1. Art
2. Ass
3. Ecken
4. Engel
5. Esser
6. Eule
7. ein
8. ohne
9. Rand
10. rennen

11. raten
12. ringen
13. rot
14. Ruder
15. rechen
16. Rille
17. rauchen
18. reite
19. ringen
20. rief

Edmund Wild: Kleine Sprachspiele für jeden Tag
© Persen Verlag

Der Buchstaben-Salat – 3 Zutaten

Klasse	2
Ziele	→ Wörter optisch analysieren → Wörter schnell wiedererkennen
Spiel	Bei diesen Wörtern sind die Buchstaben vertauscht. Die Kinder sollen möglichst schnell die Buchstaben in die richtige Reihenfolge bringen, sodass sinnvolle Wörter aus 3 Buchstaben entstehen. Manchmal gibt es auch mehrere Möglichkeiten!
Tipp	Diese Übung eignet sich für einen Wettkampf: Die Lehrerin schreibt 10 dieser Salat-Wörter verdeckt an die Tafel. Dann klappt sie die Tafel auf und die Kinder schreiben die Wörter richtig in ihr Heft. Wer fertig ist, geht zur Lehrerin und bekommt von ihr eine Nummer: der Erste die 1, der Nächste die 2 usw. Bei der Nummer 10 sollte der Wettkampf beendet werden. Die Kinder mit den Nummern 1 bis 10 schreiben ihre Lösungen an die Tafel.

Lösungen

Arm	Ast	Bad	Bär	Oma	Opa	Ort	Rad
Bau	Bus	Eis	Erz	Rat	Reh	See	Tag
Fee	Gas	Hai	Hof	Tal	Tat	Tau	Tee
Hut	Kuh	Lob	Los	Tod	Ton	Tor	Tür
Mai	Mut	Not	Ohr	Uhr	Weg	Wut	Zoo

Aufgabe:

Schreibe die Wörter richtig in dein Heft!

RAM	STA	ABD	ÄRB
UAB	USB	ESI	ZER
EFE	AGS	IHA	FOH
THU	HUK	BOL	OLS
IMA	UMT	ONT	HRO
MAO	POA	RTO	RDA
TAR	EHR	ESE	AGT
LAT	ATT	UAT	ETE
ODT	NTO	TRO	RÜT
RHU	EGW	UWT	OZO

Der Buchstaben-Salat – 4 Zutaten

Klasse	2
Ziele	→ Wörter optisch analysieren → Wörter schnell wiedererkennen
Spiel	Bei diesen Wörtern stimmen nur der erste und der letzte Buchstabe, die anderen sind vertauscht. Die Kinder sollen möglichst schnell die Buchstaben in die richtige Reihenfolge bringen, sodass sinnvolle Wörter aus 4 Buchstaben entstehen.
Tipp	Diese Übung eignet sich für einen Wettkampf: Die Lehrerin schreibt 10 dieser Salat-Wörter verdeckt an die Tafel. Sie klappt die Tafel auf und die Kinder schreiben die Wörter richtig in ihr Heft. Wer fertig ist, geht zur Lehrerin und bekommt von ihr eine Nummer: der Erste die 1, der Nächste die 2 usw. Bei der Nummer 10 sollte der Wettkampf beendet werden. Die Kinder mit den Nummern 1 bis 10 schreiben ihre Lösungen an die Tafel.

Lösungen

Arzt	Auge	Auto	Bach	Hose	Kind	Kopf	Land
Bahn	Ball	Bart	Berg	Loch	Maus	Nest	Obst
Bett	Dank	Dorf	Frau	Pech	Pilz	Qual	Reis
Gras	Hals	Hand	Haus	Rock	Wald	Zahn	Zorn
Heft	Herz	Hexe	Holz				

Aufgabe:
Schreibe die Wörter richtig in dein Heft!

AZRT	AGUE	ATUO	BCAH
BHAN	BLAL	BRAT	BREG
BTET	DANK	DROF	FARU
GARS	HLAS	HNAD	HUAS
HFET	HREZ	HXEE	HLOZ
HSOE	KNID	KPOF	LNAD
LCOH	MUAS	NSET	OSBT
PCEH	PLIZ	QAUL	RIES
RCOK	WLAD	ZHAN	ZRON

AB

Der Buchstaben-Salat – 5 Zutaten

Klasse	2
Ziele	→ Wörter optisch analysieren → Wörter schnell wiedererkennen
Spiel	Bei diesen Wörtern stimmen nur der erste und der letzte Buchstabe, die anderen sind vertauscht. Die Kinder sollen möglichst schnell die Buchstaben in die richtige Reihenfolge bringen, sodass sinnvolle Wörter aus 5 Buchstaben entstehen. Manchmal gibt es auch mehrere Möglichkeiten!
Tipp	Diese Übung eignet sich für einen Wettkampf: Die Lehrerin schreibt 10 dieser Salat-Wörter verdeckt an die Tafel. Dann klappt sie die Tafel auf und die Kinder schreiben die Wörter richtig in ihr Heft. Wer fertig ist, geht zur Lehrerin und bekommt von ihr eine Nummer: der Erste die 1, der Nächste die 2 usw. Bei der Nummer 10 sollte der Wettkampf beendet werden. Die Kinder mit den Nummern 1 bis 10 schreiben ihre Lösungen an die Tafel.

Lösungen

Ampel	Apfel	April	Bauch	Meter	Milch	Musik	Nebel
Biene	Birne	Blume	Brief	Pause	Pizza	Punkt	Quark
Clown	Eimer	Fahne	Fisch	Raupe	Seife	Sport	Stadt
Glück	Hecke	Hilfe	Junge	Tafel	Vater	Vogel	Wiese
Käfer	Katze	König	Licht				

Aufgabe:

Schreibe die Wörter richtig in dein Heft!

APEML	AEFPL	AIRPL	BUCAH
BENIE	BRINE	BUMLE	BEIRF
CWOLN	EMIER	FNAHE	FICSH
GÜCLK	HCEKE	HLFIE	JGNUE
KFÄER	KZATE	KINÖG	LCIHT
MTEER	MLCIH	MIUSK	NEEBL
PSUAE	PZIZA	PKNUT	QRAUK
RUAPE	SFIEE	SOPRT	SDTAT
TFEAL	VEATR	VGOEL	WSEIE

Was im Schwein steckt

Klasse	1 und 2
Ziele	➜ Wörter optisch analysieren und synthetisieren
	➜ Wörter schnell wiedererkennen
	➜ Gemeinsamkeiten der Wörter für die Rechtschreibung nutzen
Tipps	1. Die Übung eignet sich auch zur Differenzierung: Die Lehrerin gibt den stärkeren Schülerinnen und Schülern das Gesamtwort und diese versuchen, alle darin enthaltenen Wörter herauszuschreiben.
	2. Mithilfe des Wörterbuchs suchen die Kinder weitere „Wörter-im-Wort".

Aufgabe:

Schau dir die „Wörter-im-Wort" gut an und übertrage sie in dein Heft!
Achte dabei auf die Groß- und Kleinschreibung!

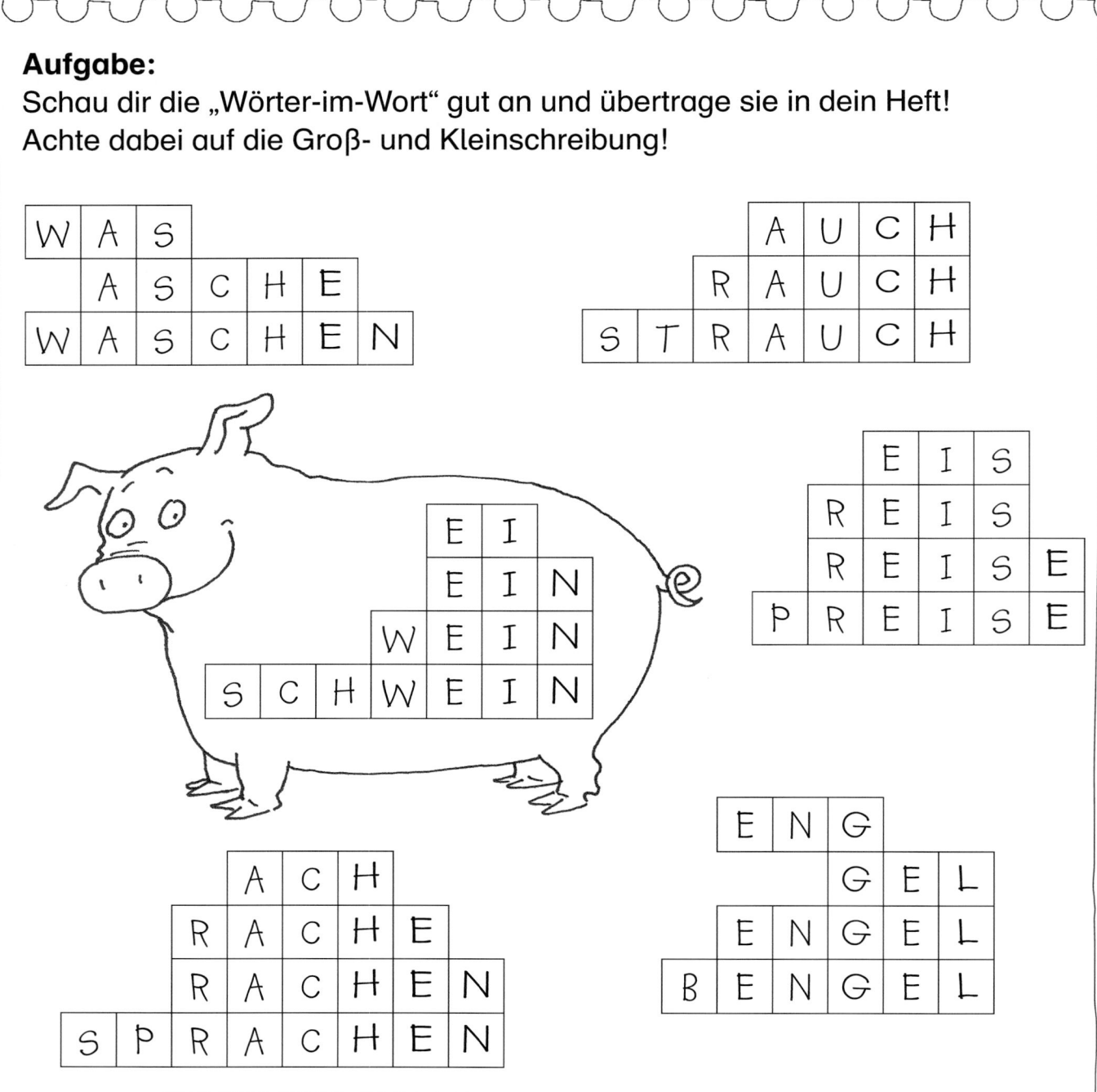

Edmund Wild: Kleine Sprachspiele für jeden Tag
© Persen Verlag

Wir bauen ein Traumhaus

Klasse	1 und 2
Ziele	→ Wörter optisch analysieren und synthetisieren
	→ Wörter schnell wiedererkennen
	→ Gemeinsamkeiten der Wörter für die Rechtschreibung nutzen
Tipps	1. Die Übung eignet sich auch zur Differenzierung: Die Lehrerin gibt den stärkeren Schülerinnen und Schülern das Gesamtwort und diese versuchen, alle darin enthaltenen Wörter herauszuschreiben.
	2. Mithilfe des Wörterbuchs suchen die Kinder weitere „Wörter-im-Wort".

Aufgabe:

Schau dir die „Wörter-im-Wort" gut an und übertrage sie in dein Heft!
Achte dabei auf die Groß- und Kleinschreibung!

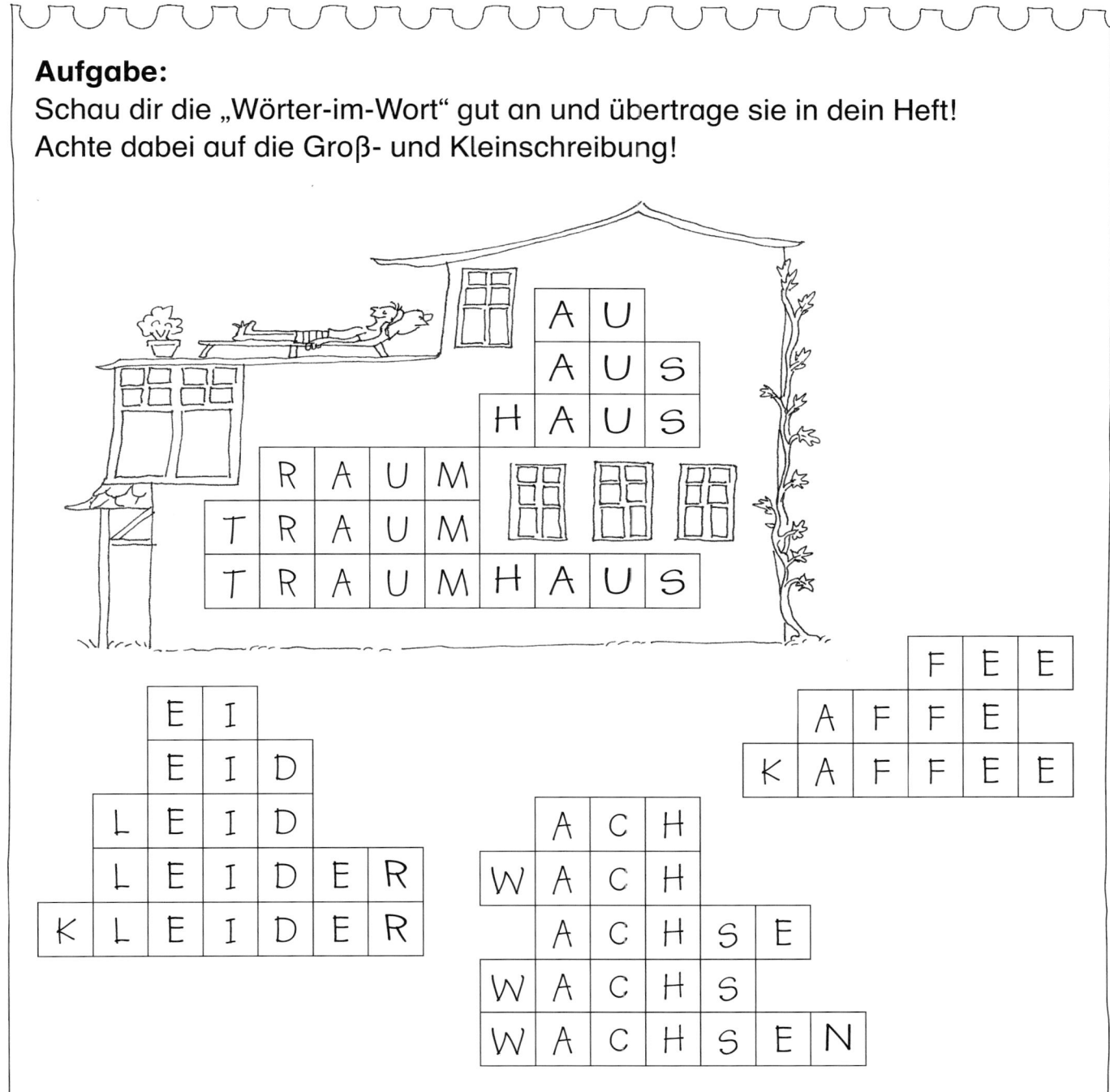

Omas Romane

Klasse	1 und 2
Ziele	➜ Wörter in anderen Wörtern finden
	➜ die Wortgrenzen im fremden Umfeld erkennen
	➜ den Wortschatz durchforsten
Spiel	Die Lehrerin liest die Sätze vor und schreibt jeweils das Schlüsselwort an die Tafel. Beim ersten Mal sollte das versteckte Wort mit einer anderen Farbe hervorgehoben werden. Die Kinder versuchen, so schnell wie möglich herauszufinden, welches versteckte Wort gemeint ist.

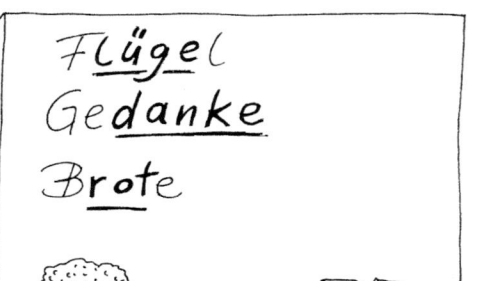

1. In dem **Roman** verbirgt sich die, die ihn liest.

2. In **Europa** lebt auch mein Großvater.

3. Im **Dichter** steckt das Kind meiner Eltern.

4. Die **Brote** haben diese Farbe gar nicht.

5. Was die **Gedanken** enthalten, sollte man öfter sagen.

6. Das bleibt übrig, wenn du ein **Taschentuch** verbrennst.

7. Was wird aus dem **Geist**, wenn du ihm den ersten und den letzten Buchstaben wegnimmst?

8. Welchen Schmerzensschrei stößt der **Bauer** aus?

9. Wer sagt, er hätte **Flügel**, der sollte die beiden äußeren Buchstaben weglassen.

10. Das Tier, das im **Kaffee** steckt, trinkt ihn nicht.

Edmund Wild: Kleine Sprachspiele für jeden Tag
© Persen Verlag

Freunde – vielleicht

Klasse	2
Ziele	→ die sprachliche Flexibilität entwickeln → Wörter im fremden Umfeld erkennen
Hinweis	Die Übung verlangt von den Kindern eine optische Analyse und eine optische Synthese. Sie müssen in das Wortinnere eindringen und herausfinden, welche Buchstabenkombination ein neues Wort ergibt.
Tipps	1. Nicht alle zu findenden Wörter gehören zum Grundwortschatz! Die Lehrerin kann entweder eine Auswahl treffen – oder sie erweitert den Wortschatz. 2. Der Schwierigkeitsgrad wird gesteigert, wenn die freien Felder nicht markiert sind.
Lösungen	*FREUNDE:* 1. FREUND, 2. FUND, 3. UND, 4. RUND, 5. ENDE *VIELLEICHT:* 1. VIEL, 2. LEICHT, 3. ELCH, 4. LICHT, 5. EI, 6. ICH, 7. VIEH, 8. ELLE, 9. ECHT

Aufgabe:

Trage in die freien Felder immer die Buchstaben aus der obersten Zeile ein!
Es ergeben sich viele neue Wörter. Schreibe sie in dein Heft!

	F	R	E	U	N	D	E
1.							
2.							
3.							
4.							
5.							

	V	I	E	L	L	E	I	C	H	T
1.										
2.										
3.										
4.										
5.										
6.										
7.										
8.										
9.										

Die Klassensprecherin spricht

Klasse	2
Ziele	→ die sprachliche Flexibilität entwickeln → Wörter im fremden Umfeld erkennen
Hinweis	Die Übung verlangt von den Kindern eine optische Analyse und eine optische Synthese. Sie müssen in das Wortinnere eindringen und herausfinden, welche Buchstabenkombination ein neues Wort ergibt.
Tipps	1. Nicht alle zu findenden Wörter gehören zum Grundwortschatz! Die Lehrerin kann entweder eine Auswahl treffen – oder sie erweitert den Wortschatz. 2. Der Schwierigkeitsgrad wird gesteigert, wenn die freien Felder nicht markiert sind.
Lösungen	1. Klasse, 2. sprechen, 3. Kasse, 4. nein, 5. lesen, 6. lassen, 7. Sprecher, 8. kann, 9. leer, 10. kein, 11. lachen, 12. sein, 13. Pech, 14. Sense, 15. Rechen

Aufgabe:

Trage in die freien Felder immer die Buchstaben aus der obersten Zeile ein!
Es ergeben sich viele neue Wörter. Schreibe sie in dein Heft!

	K	L	A	S	S	E	N	S	P	R	E	C	H	E	R	I	N
1.																	
2.																	
3.																	
4.																	
5.																	
6.																	
7.																	
8.																	
9.																	
10.																	
11.																	
12.																	
13.																	
14.																	
15.																	

Mädchen–Märchen

Klasse	1 und 2
Ziele	→ erkennen, dass Wörter Gemeinsamkeiten haben → die Rechtschreibung festigen
Hinweis	Diese Übung trainiert die akustische Analyse und ruft den Wortschatz ab. Werden die Wörter an die Tafel geschrieben, erhält man eine Übung zur optischen Analyse.
Spiel	Die Lehrerin liest die Sprüche vor. Die Kinder versuchen, die gesuchten Begriffe zu erraten.
Tipps	1. Die Lehrerin kann zusätzlich das Ausgangswort (z. B. Mädchen) an die Tafel schreiben und dabei den Tausch-Buchstaben in einer anderen Farbe hervorheben. 2. Die Aufgabe wird erschwert, wenn der Tauschbuchstabe nicht markiert wird.
Lösungen	1. Mä**d**chen – Mä**r**chen, 2. **K**atzen – **T**atzen, 3. Me**t**er – Mo**t**or, 4. **P**uppe – **S**uppe, 5. flie**g**en – flie**ß**en, 6. H**a**se – H**o**se, 7. Hun**d** – Han**d**, 8. Am**s**el – Am**p**el, 9. Birn**e** – Bi**e**ne, 10. Fe**i**er – Fe**u**er

1. Sie ist ein Mä**d**chen, meine Nichte,
   mit einem **r** wär's 'ne Geschichte.

2. Tauschst du **K** mit **T** bei **K**atzen,
   weißt du gleich, womit sie kratzen.

3. Ein Me**t**er ist gerad', auch krumm,
   gibt's **o** statt **e**, dann macht's brumm, brumm.

4. Drei **P** bei **P**uppe sind zuviel,
   nimm dir ein **S** und iss sie still!

5. Flie**g**en kann man übers Dach,
   mit **ß** kann es der Bach.

6. Der H**a**se freut sich übers **a**,
   hätt' er ein **o**, wie ständ' er da?

7. Mein Hun**d**, der ist ein treues Tier,
   mit **a** wär' er ein Teil von mir.

8. Schwarz hüpft die Am**s**el durch den Garten,
   mit **p** und rot müsstest du warten.

9. Auf einer Birn**e** sitzt es heiter,
   das Tier mit **e**, und fliegt gleich weiter.

10. Eine Fe**i**er geht zu End',
    wenn durch **u** das Zimmer brennt.

Edmund Wild: Kleine Sprachspiele für jeden Tag
© Persen Verlag

Wörter in 3 Kästchen packen

Klasse	1 und 2
Ziele	→ die Wortgestalten unterscheiden → auf Ober- und Unterlängen achten
Hinweis	Unsere Buchstaben sind mit ihren Ober- und Unterlängen eine Hilfe beim Erkennen der Wortstruktur. Erstklässler nehmen die Wortgestalt zunächst ganzheitlich auf und beginnen danach erst mit der Ausdifferenzierung der Buchstaben. Sie sollen lernen, dass die gleiche Form unterschiedliche Buchstaben beinhalten kann.
Tipps	1. Die Lehrerin fordert die besonders lesestarken Schüler auf, in Büchern andere Wörter zu suchen, die der Kästchenstruktur entsprechen. 2. Die Schüler fertigen selbst solche Kästchenwörter-Rätsel für ihre Mitschüler an.
Lösungen	1. Ast, Bad, Hut, Kuh, Mut, Tal, Wut 2. Fee, Oma, See, Tor, Zoo

Aufgabe:

Überlege, welche dieser Wörter genau in die Kästchen passen,
und schreibe sie in dein Heft!

1. Arm, Ast, Bad, Bau, Bus, Fee, Hut, Kuh, Los, Mut, Tal, Tee, Uhu, Wut
   Hilfe: 7 Wörter passen!

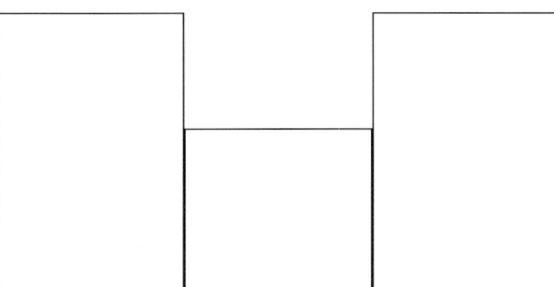 

2. Fee, Not, Ohr, Oma, Opa, Ort, Rad, See, Tag, Tor, Uhr, Weg, Zoo, Zug
   Hilfe: 5 Wörter passen!

 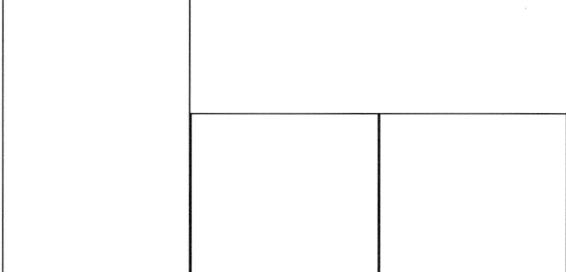

Edmund Wild: Kleine Sprachspiele für jeden Tag
© Persen Verlag

Wörter in 4 Kästchen packen

Klasse	1 und 2
Ziele	→ die Wortgestalten unterscheiden → auf Ober- und Unterlängen achten
Hinweis	Unsere Buchstaben sind mit ihren Ober- und Unterlängen eine Hilfe beim Erkennen der Wortstruktur. Erstklässler nehmen die Wortgestalt zunächst ganzheitlich auf und beginnen danach erst mit der Ausdifferenzierung der Buchstaben. Sie sollen lernen, dass die gleiche Form unterschiedliche Buchstaben beinhalten kann.
Tipps	1. Die Lehrerin fordert die besonders lesestarken Schüler auf, in Büchern andere Wörter zu suchen, die der Kästchenstruktur entsprechen. 2. Die Schüler fertigen selbst solche Kästchenwörter-Rätsel für ihre Mitschüler an.
Lösungen	1. *Arzt, Bach, Boot, Brot, Esel, Fest, Hand, Haut, Hemd, Mund* 2. *Bahn, Ende, Note, Salz, Satz, Sohn, Zahn*

Aufgabe:

Überlege, welche dieser Wörter genau in die Kästchen passen,
und schreibe sie in dein Heft!

1. Affe, Arzt, Auto, Bach, Bahn, Ball, Boot, Brot, Ding, Ecke, Erde, Esel,
   Eule, Feld, Fest, Floh, Hand, Hase, Haus, Haut, Heft, Hemd, Herz, Mund
   Hilfe: 10 Wörter passen!

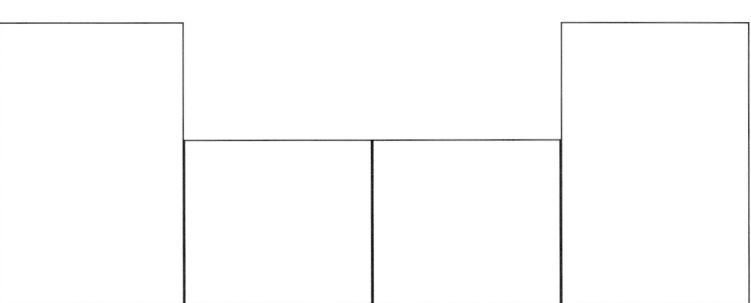

2. Acht, Bahn, Baum, Blut, Ende, Glas, Frau, Note, Rock, Rose, Salz, Sand,
   Satz, Sohn, Text, Topf, Volk, Wald, Wand, Welt, Wind, Wort, Zahl, Zahn
   Hilfe: 7 Wörter passen!

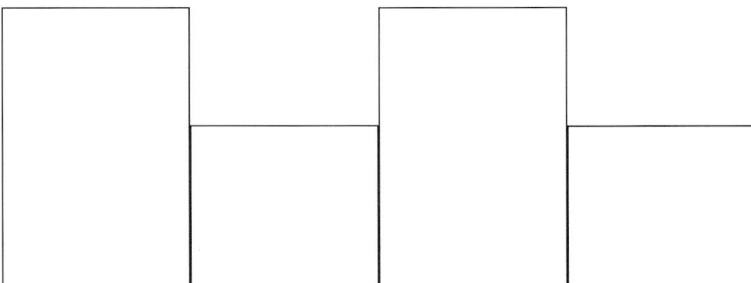

Wörter in 5 Kästchen packen

Klasse	1 und 2
Ziele	→ die Wortgestalten unterscheiden
	→ auf Ober- und Unterlängen achten
Hinweis	Unsere Buchstaben sind mit ihren Ober- und Unterlängen eine Hilfe beim Erkennen der Wortstruktur. Erstklässler nehmen die Wortgestalt zunächst ganzheitlich auf und beginnen danach erst mit der Ausdifferenzierung der Buchstaben. Sie sollen lernen, dass die gleiche Form unterschiedliche Buchstaben beinhalten kann.
Tipps	1. Die Lehrerin fordert die besonders lesestarken Schüler auf, in Büchern andere Wörter zu suchen, die der Kästchenstruktur entsprechen.
	2. Die Schüler fertigen selbst solche Kästchenwörter-Rätsel für ihre Mitschüler an.
Lösungen	*1. Bauch, Busch, Durst, Faust, Grund, Krach, Kraut, Quark, Wurst*
	2. Fahrt, Gabel, Hebel, Nebel, Onkel, Paket, Schuh

Aufgabe:

Überlege, welche dieser Wörter genau in die Kästchen passen,
und schreibe sie in dein Heft!

1. Apfel, Bauch, Biene, Birne, Blume, Busch, Clown, Durst, Eimer, Fahne,
   Faust, Feuer, Grund, Hecke, König, Krach, Kraut, Küche, Pause, Pferd,
   Quark, Schuh, Tafel, Traum, Vater, Wolke, Wunde, Wurst
   Hilfe: 9 Wörter passen!

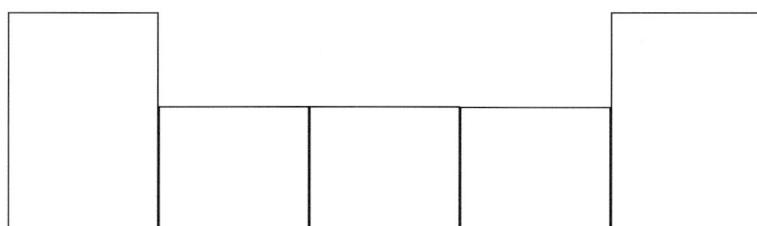

2. Ampel, Blatt, Bohne, Essen, Fahrt, Feder, Gabel, Hagel, Hebel, Kater,
   Katze, Laden, Nagel, Nebel, Onkel, Paket, Quark, Rasen, Sache, Schuh,
   Sonne, Stadt, Stuhl, Suppe, Tante, Tasse, Vogel, Wagen
   Hilfe: 7 Wörter passen!

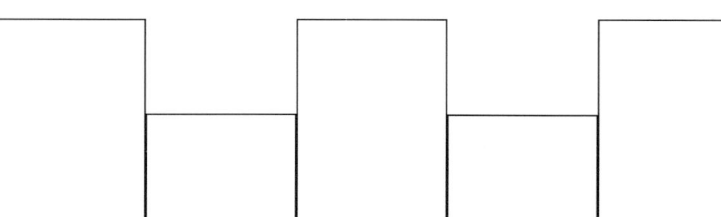

Die Familie in Kästchen

Klasse	1 und 2
Ziele	→ die Rechtschreibung systematisch verbessern
	→ sich Wortstrukturen einprägen
Tipps	1. Zu Wörtern aus dem Grundwortschatz, die den Kindern immer wieder Schwierigkeiten bereiten, kann die Lehrerin selbst Kästchenwörter herstellen. Es ist sinnvoll, die Wörter nach Themen zu ordnen, z. B. Ferien: Reise, Koffer, Spielzeug, Autobahn, Stau, Rücksitz, Badehose, Wasser, Sonne, Strand.
	2. Die Lehrerin kann den Schülern vorab Lösungsstrategien anbieten: mit kurzen Wörtern beginnen, auf Ober- und Unterlängen achten.
Lösungen	1. Oma, 2. Onkel, 3. Schwester, 4. Vater, 5. Opa, 6. Mutter, 7. Tante, 8. Bruder

Aufgabe:

Finde heraus, welches Wort zu welchem Kästchenwort gehört, und trage die Nummern ein! Schreibe dann die Wörter von 1 bis 10 in dein Heft!

Wörter	Kästchenwörter
◯ Bruder	1.
◯ Oma	2.
◯ Opa	3.
◯ Mutter	4.
◯ Onkel	5.
◯ Schwester	6.
◯ Tante	7.
◯ Vater	8.

Die Krankheit

Klasse	2
Ziele	→ die Rechtschreibung systematisch verbessern → sich Wortstrukturen einprägen
Tipps	1. Zu Wörtern aus dem Grundwortschatz, die den Kindern immer wieder Schwierigkeiten bereiten, kann die Lehrerin selbst Kästchenwörter herstellen. Es ist sinnvoll, die Wörter nach Themen zu ordnen, z.B. Haustiere: Hahn, Hund, Kanarienvogel, Katze, Kuh, Papagei, Pferd, Schaf … 2. Die Lehrerin kann den Schülern vorab Lösungsstrategien anbieten: mit kurzen Wörtern beginnen, auf Ober- und Unterlängen achten.
Lösungen	*1. Untersuchung, 2. Masern, 3. Verband, 4. Schmerz, 5. Arzt, 6. Tablette,* *7. Krankenhaus, 8. Salbe*

Aufgabe:

Finde heraus, welches Wort zu welchem Kästchenwort gehört, und trage die Nummern ein! Schreibe dann die Wörter von 1 bis 10 in dein Heft!

Wörter	Kästchenwörter
◯ Arzt	1.
◯ Masern	2.
◯ Krankenhaus	3.
◯ Salbe	4.
◯ Schmerz	5.
◯ Untersuchung	6.
◯ Tablette	7.
◯ Verband	8.

Edmund Wild: Kleine Sprachspiele für jeden Tag
© Persen Verlag

Wenn der Storch plappert

Klasse	2
Ziele	→ Laute und Wörter miteinander in Verbindung bringen → die Ausdrucksfähigkeit fördern → Verben konjugieren → den Plural von Nomen bilden
Tipps	1. Bevor die Lehrerin die Arbeitsblätter ausgibt, sollte sie im Gespräch herauszufinden versuchen, welche Tierlaute die Schüler bereits benennen können. 2. Diese Übung ist für Schüler mit Migrationshintergrund besonders wertvoll, weil der Wortschatz erweitert und die Grammatikkenntnisse gesichert werden.

Lösungen

Die Vögel:	*Die wilden Tiere:*
Der Sperling zwitschert. Sperlinge zwitschern.	*Der Affe kreischt. Affen kreischen.*
Der Kuckuck ruft. Kuckucke rufen.	*Der Bär brummt. Bären brummen.*
Die Lerche tiriliert. Lerchen tirilieren.	*Der Elefant trompetet. Elefanten trompeten.*
Der Papagei plappert. Papageien plappern.	*Der Fuchs bellt. Füchse bellen.*
Die Nachtigall schlägt. Nachtigallen schlagen.	*Der Hirsch röhrt. Hirsche röhren.*
Der Rabe krächzt. Raben krächzen.	*Der Löwe brüllt. Löwen brüllen.*
Der Storch klappert. Störche klappern.	*Der Puma faucht. Pumas fauchen.*
Die Taube gurrt. Tauben gurren.	*Die Schlange zischt. Schlangen zischen.*
Der Specht trommelt. Die Spechte trommeln.	*Der Wolf heult. Wölfe heulen.*

Aufgabe:

Verstehst du die Sprache der Tiere?

Verbinde jedes Tier mit dem Tuwort (Verb), das sagt, wie es „spricht"!

Schreibe in dein Heft: Der Sperling zwitschert. Sperlinge zwitschern.

So „sprechen" die Vögel –  **und so die wilden Tiere:**

der Sperling	plappern		der Affe	bellen
der Kuckuck	gurren		der Bär	brüllen
die Lerche	krächzen		der Elefant	brummen
die Nachtigall	klappern		der Fuchs	fauchen
der Papagei	rufen		der Hirsch	heulen
der Rabe	schlagen		der Löwe	kreischen
der Storch	zwitschern		der Puma	röhren
die Taube	tirilieren		die Schlange	trompeten
der Specht	trommeln		der Wolf	zischen

Wenn die Biene bellt

Klasse	2
Ziele	→ Laute und Wörter miteinander in Verbindung bringen → die Ausdrucksfähigkeit fördern → Verben konjugieren → den Plural von Nomen bilden
Tipps	1. Bevor die Lehrerin die Arbeitsblätter ausgibt, sollte sie im Gespräch herauszufinden versuchen, welche Tierlaute die Schüler bereits benennen können. 2. Diese Übung ist für Schüler mit Migrationshintergrund besonders wertvoll, weil der Wortschatz erweitert und die Grammatikkenntnisse gesichert werden.

Lösungen

Die Biene summt. Bienen summen.	*Die Katze miaut. Katzen miauen.*
Der Frosch quakt. Frösche quaken.	*Die Kuh muht. Kühe muhen.*
Die Gans schnattert. Gänse schnattern.	*Die Maus fiept. Mäuse fiepen.*
Die Grille zirpt. Grillen zirpen.	*Das Pferd wiehert. Pferde wiehern.*
Der Hahn kräht. Hähne krähen.	*Das Schaf blökt. Schafe blöken.*
Das Huhn gackert. Hühner gackern.	*Das Schwein grunzt. Schweine grunzen.*
Der Hund bellt. Hunde bellen.	*Die Ziege meckert. Ziegen meckern.*

Aufgabe:

Verstehst du die Sprache der Tiere?

Verbinde jedes Tier mit dem Tuwort (Verb), das sagt, wie es „spricht"!

Schreibe in dein Heft: Die Biene summt. Bienen summen.

So „sprechen" die Tiere auf dem Bauernhof:

die Biene	bellen	die Katze	muhen
der Frosch	summen	die Kuh	miauen
die Gans	schnattern	die Maus	grunzen
die Grille	gackern	das Pferd	meckern
der Hahn	quaken	das Schaf	fiepen
das Huhn	krähen	das Schwein	wiehern
der Hund	zirpen	die Ziege	blöken

Edmund Wild: Kleine Sprachspiele für jeden Tag
© Persen Verlag

Kuckuckseier

Klasse	2
Ziele	→ den Wortschatz erweitern → den Wortschatz gliedern → den sprachlichen Ausdruck verbessern
Tipp	Die Lehrerin kann solche Wörterlisten zu den unterschiedlichsten Sachgebieten zusammenstellen: Ferienreise, Schwimmbad, Krankenhaus, Geburtstag usw.
Lösungen	**Kuckuckseier:** *1. Berg, 2. Schnee, 3. Tasse, 4. Ball, 5. Zauberer*

Aufgabe:

Streiche immer das Kuckucksei durch! Schreibe die Wörter, die zum Oberbegriff passen, in dein Heft!

1. Haus

Keller, Küche, Flur, Berg, Schlafzimmer, Treppe, Toilette, Rollladen, Diele, Dachboden, Kinderzimmer, Bad, Balkon, Erker, Fenster, Tür

2. Sommer

Freibad, Wärme, Badehose, schwimmen, Schnee, Sonne, schwitzen, Rad fahren, Ferien, faulenzen, Erdbeereis, Badeanzug, Strandkorb

3. Fußball

Schiedsrichter, Elfmeter, Tor, Verteidiger, Fallrückzieher, Flanke, Pass, Strafstoß, Ecke, Tasse, Kopfball, Zuschauer, Tribüne, Spielfeld

4. Kleidung

Mantel, Jacke, Mütze, Strumpf, Ball, Jeans, Socken, Turnschuh, Bademantel, Unterhose, Schal, Gürtel, Halstuch, Pullover, Hemd

5. Schule

Heft, schreiben, rechnen, Buch, lernen, Tafel, Schwamm, Kreide, Computer, Pause, Unterricht, Lehrerin, Zauberer, Tintenkiller, Bleistift

Was mag das Wort bedeuten?

Klasse	1 und 2
Ziele	→ den Wortschatz erweitern → den sprachlichen Ausdruck verbessern
Hinweis	Schülern mit Migrationshintergrund fehlen oft „einfache" Begriffe aus der deutschen Kinderkultur. Dadurch wird ihnen das Verständnis bei Kinderliedern, Abzählreimen oder Märchen erschwert. Solche Begriffe sollte die Lehrerin von Schülern erklären lassen. Einerseits fördert dies die Ausdrucksfähigkeit der Kinder, andererseits treffen die Kinder eher das sprachliche Niveau ihrer Mitschüler.
Spiel	Die Lehrerin nennt einen Begriff. Ein Schüler erklärt dessen Bedeutung. Dabei muss er sich auf das Verbale beschränken und darf weder Gesten noch Zeichnungen einsetzen.
Tipp	Die Lehrerin sucht Begriffe zu verschiedenen Sachthemen heraus, die den Kindern nicht unmittelbar verständlich sind, und lässt sie erläutern.

Beispiel: Aus der Märchenwelt

Knusperhäuschen	wunderlich	Spinnrad
Kirchhof	Bräutigam	Zwerg
ratschlagen	sinnen	Gänsemagd
Schlaftrunk	Wächter	Ungestüm
Pfand	Ofen	List
Erbarmen	Sonntagskind	Wackersteine
Räuber	treu	Gaben
Kieselsteine	verwahren	Uhrenkasten

Edmund Wild: Kleine Sprachspiele für jeden Tag
© Persen Verlag

L

Abzählreime

Klasse	1 und 2
Ziele	→ ein Gefühl für den Sprachrhythmus entwickeln
	→ das Gedächtnis trainieren
Hinweis	Die Lehrerin spricht die Abzählreime vor, die Schüler lernen sie auswendig.

1. Ene, mene, Tintenfass,
    geh' zur Schule, lerne was.
    Wenn du was gelernet hast,
    komm' zu mir und sag' mir das.
    Eins, zwei, drei
    und du bist frei.

2. Eins, zwei, drei, vier, fünf, sechs, sieben,
    in der Schule wird geschrieben,
    in der Schule wird gelacht,
    wenn der Lehrer Witze macht.
    Doch der Schulrat kommt heran,
    und du bist dran.

3. Eins, zwei, drei, vier, fünf, sechs, sieben,
    wer hat diesen Brief geschrieben,
    diesen Brief aus der Türkei?
    Eins, zwei, drei
    und du bist frei!

4. Eins, zwei – Kartoffelbrei,
    drei, vier – schmeckt er dir?
    Fünf, sechs – oh, ein Klecks!
    Sieben, acht – schnell gemacht
    neun, zehn – aus Verseh'n.

5. A B C D E F G
    Puderzucker ist kein Schnee.
    H I J K L M N O P
    Regenpfützen sind kein See.
    Q R S T U V W
    Bohnenkaffee ist kein Tee.
    X Y Z
    unsere Lehrerin ist nett.

Wenn das Wörtchen wenn nicht wär'

Klasse	1 und 2
Ziele	→ sich in Versmaß und Reimschema einfühlen → Wünsche in Reimform äußern
Spiel	Die Lehrerin trägt ein Wunschgedicht vor. Die Kinder sprechen es nach und erfinden eigene Gedichte dazu.

1. Wenn das Wörtchen **wenn** nicht wär',
   wär' mein Vater Millionär.

2. Wenn das Wörtchen **wenn** nicht wär',
   wär' das Lesen (Schreiben, Rechnen) nicht so schwer.

3. Wenn das Wörtchen **wenn** nicht wär',
   wär'n beim Ballspiel alle fair.

4. Wenn das Wörtchen **wenn** nicht wär',
   hätten wir ein Haus am Meer.

5. Wenn das Wörtchen **wenn** nicht wär',
   gäb's mehr Rücksicht im Verkehr.

6. Wenn das Wörtchen **wenn** nicht wär',
   gäb's keinen Krieg und kein Gewehr.

7. Wenn das Wörtchen **wenn** nicht wär',
   wär' mein Handy niemals leer.

8. Wenn das Wörtchen **wenn** nicht wär',
   hätt' Mutter keine Sorgen mehr.

Edmund Wild: Kleine Sprachspiele für jeden Tag
© Persen Verlag

Nach dem Wecken

Klasse	1 und 2
Ziele	→ Reimwörter erkennen → Reime ergänzen → die Analogie der Schreibweisen speichern
Hinweis	Reimwörter sind in vielfacher Hinsicht nützlich. Sie gelten bei der Rechtschreibung als mnemotechnische Hilfe, und sie können zur sauberen Artikulation verhelfen. In diesem Fall entspricht die Lautung der Schreibung. Neben einem üblichen Wörterbuch sollte möglichst auch ein **Reimlexikon** in der Klasse verfügbar sein, um den Schülern die Möglichkeit des Nachschlagens zu bieten.
Spiel	Die Lehrerin schreibt ein Gedicht (mit den Lücken) an die Tafel. Die Reimwörter werden erarbeitet und eingefügt. Das Gedicht wird mehrfach gelesen, bis die Kinder es (fast) auswendig können. Die Lehrerin wischt die Reimwörter weg, und die Kinder schreiben das vollständige Gedicht ins Heft.
Tipp	Die Lehrerin regt die Kinder an, Reimwörter zu suchen und eigene Zweizeiler zu schreiben.

Warum?

Ich muss sagen,

dein **Betr**............

schlägt mir manchmal

auf den **M**............

und so platzt mir

oft der **Kr**............ .

Darum möchte

ich dich **fr**............ :

Warum musst du

mich so **pl**............ ?

Lehrer necken

Nach dem Wecken fliegen Decken,

und wir **r**............ uns und **str**............ .

Brötchen schmieren, Honig **schl**............ ,

süß muss unser Frühstück **schm**............ !

Danach woll'n wir Lehrer **n**............ :

Erst muss man sich gut **verst**............

in den dunklen **Schulhof**............

oder hinter dichten **H**............ .

Wenn die Lehrer uns **entd**............ ,

drohen sie mit ihrem **St**............ .

Doch wir lachen, wir: die **K**............ .

Edmund Wild: Kleine Sprachspiele für jeden Tag
© Persen Verlag

L

Die Tulpe

(Josef Guggenmos*)

Klasse	1 und 2
Ziele	→ ein Gedicht auswendig vortragen → die Sprache durch Bewegungen begleiten
Spiel	Die Kinder bilden einen Kreis. Sie sprechen gemeinsam das Gedicht und führen die Bewegungen dazu aus.

das Gedicht	die Bewegungen
Dunkel war alles und Nacht. In der Erde tief die Zwiebel schlief, die braune.	Auf dem Boden kauern und die Hände vor die Augen halten. „Schlafen".
„Was ist das für ein Gemunkel? Was ist das für ein Geraune?", dachte die Zwiebel, plötzlich erwacht. „Was singen die Vögel da droben und jauchzen und toben?" Von Neugier gepackt, hat die Zwiebel einen langen Hals gemacht und um sich geblickt mit einem hübschen Tulpengesicht.	Allmählich erwachen, die Hand ans Ohr halten: lauschen. Die Augen öffnen. Sich langsam in die Höhe strecken. Nach rechts und links blicken.
Da hat ihr der Frühling entgegengelacht.	Sich lächelnd verneigen.

* Aus: Josef Guggenmos, Groß ist die Welt
  © 2006 Beltz & Gelberg in der Verlagsgruppe Beltz, Weinheim & Basel

Edmund Wild: Kleine Sprachspiele für jeden Tag
 © Persen Verlag

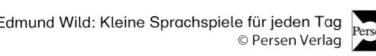

Mein Ball

(Josef Guggenmos*)

Klasse	1 und 2
Ziele	→ ein Gedicht auswendig vortragen → die Sprache durch Bewegungen begleiten
Spiel	Die Kinder sind auf dem Schulhof (in der Turnhalle). Jedes hat einen Ball. Gemeinsam sprechen sie das Gedicht und führen dazu die entsprechenden Bewegungen mit dem Ball aus.

Mein Ball zeigt, was er kann,

hoch
wie ein Mann,

hoch
wie eine Kuh,

hoch
wie ein Kalb,

hoch
wie eine Maus,

hoch
wie eine Laus,

hüpft   dann   dann   dann   dann   dann   ruht er
sich aus.

---

* Aus: Josef Guggenmos, Ich will dir was verraten
© 1994 Beltz & Gelberg in der Verlagsgruppe Beltz, Weinheim & Basel

L

Unsere Lehrerin

Klasse	2
Ziele	→ das Gefühl für den Rhythmus der Sprache stärken → Hemmungen überwinden → großformatige Bewegungen ausführen
Spiel	Die Lehrerin spricht das Gedicht vor und führt die Bewegungen dazu aus. Die Schüler tun es ihr nach.
Tipp	Wenn die Kinder das Gedicht mit den Bewegungen auswendig können, zieht sich die Lehrerin zurück, und die Schüler erfinden neue Strophen mit eigenen Bewegungen.

das Gedicht	die Bewegungen
Wir haben eine Lehrerin, die macht nur, was sie will, und wenn sie in die Klasse kommt, dann sind wir alle still.	Hand auf den Mund legen
Und dann klatscht die Lehrerin, die Lehrerin klatscht so, und dann klatscht die Lehrerin die Lehrerin klatscht so.	kräftig in die Hände klatschen
Und dann schreibt die Lehrerin ...	Buchstaben in die Luft schreiben
Und dann schimpft die Lehrerin ...	mit dem Zeigefinger drohen
Und dann lobt die Lehrerin ...	den Daumen nach oben recken
Und dann horcht die Lehrerin …	die Hand ans Ohr halten
Und dann hüpft die Lehrerin …	durch den Klassenraum hüpfen
Und dann schweigt die Lehrerin, die Lehrerin schweigt so, und dann schweigt die Lehrerin, die Lehrerin schweigt so.	den Finger auf die Lippen legen

Edmund Wild: Kleine Sprachspiele für jeden Tag
© Persen Verlag

L

Schau genau!

Klasse	1 und 2
Ziele	→ das gesamte Wort speichern → sich schwierige Wörter einprägen → die Merkfähigkeit steigern
Hinweis	Die Lehrerin bereitet **Wortkarten** vor: mit Wörtern aus dem Grundwortschatz oder mit solchen, die besonders fehlerträchtig sind. 1. Schritt: Die Lehrerin zeigt die Wortkarte. 2. Schritt: Die Lehrerin dreht die Wortkarte um. 3. Schritt: Die Schüler nehmen jetzt einen Stift und schreiben das Wort auf. 4. Schritt: Die Lehrerin zeigt die Wortkarte wieder. 5. Schritt: Die Schüler kontrollieren und korrigieren das Geschriebene.
Tipp	Die Lehrerin legt Wortkarten-Vorrat mit Lernwörtern an, z. B.:

Hals	Fenster	Raupe	Nase
Ohr	Verkehr	Schule	Haus
Herbst	Brief	Sekunde	Tier
Blatt	Obst	April	Papier
laufen	quaken	nehmen	machen
reich	heiß	leise	schön

Vorsicht, Grube!

Klasse	2
Ziele	→ verfremdete Wörter lesen
	→ erkennen, dass Form und Inhalt sich ergänzen können
Spiel	Die Schüler lesen die verfremdeten Wörter – zuerst leise, dann laut. Anschließend versuchen sie, selbst solche Wörter zu schreiben, und geben sie ihren Mitschülerinnen und Mitschülern.

Aufgabe:

Versuche, diese Wörter zu lesen! Vielleicht kannst du selbst solche Wörter „schreiben" und sie anderen zum Lesen geben.

Damit sehe ich alles.	Damit zeigt man nicht auf andere.
	FINGER
Vorsicht, damit du nicht hineinfällst!	So fühlt sich der Sieger im Ballspiel.

Die blüht im Frühling.	Das suche ich im Garten.
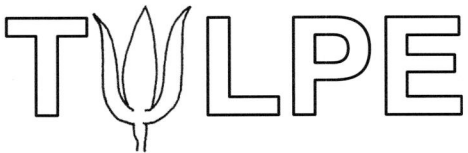	
Vorsicht, sie kann giftig sein!	Darüber ärgere ich mich.
	FEHLER

Edmund Wild: Kleine Sprachspiele für jeden Tag
© Persen Verlag

Der starke Alexander

Klasse	2
Ziele	→ genau beobachten → die Darstellungsformen Text und Bild abgleichen
Tipp	Je nach Leistungsstand der Klasse kann die Lehrerin den Kindern drei, sechs oder neun Bilder geben.
Lösung	Bild 8

Aufgabe:

Lies den Text und schau dir die Bilder gut an!
Beantworte dann die Frage:

Wer ist der Stärkste in der Klasse?

Mehrere Jungen haben sich aufgestellt. Jeder will der Stärkste sein.
Sie machen einen Wettkampf. Alexander gewinnt. Er freut sich, er lacht und
zeigt seine Muskeln.
Alexander trägt eine karierte Turnhose und ein gestreiftes Hemd mit einem
runden Abzeichen. Seine Turnschuhe sind mit Streifen verziert und seine
Socken mit einem Haken. Alexander hat eine Igelfrisur.

Pias Fahrrad

Klasse	2
Ziele	→ genau beobachten → die Darstellungsformen Text und Bild abgleichen
Tipp	Je nach Leistungsstand der Klasse kann die Lehrerin den Kindern auch nur zwei Bilder geben.
Lösung	Bild 2

Aufgabe:

Lies den Text und schau dir die Bilder gut an!
Beantworte dann die Frage:

Welches Fahrrad gehört Pia?

Pias Fahrrad hat alles, was ein Fahrrad braucht: zwei Räder mit vielen Speichen, einen Sattel und einen Rennlenker, eine Gangschaltung und zwei Pedale.

1

2

3

4

Edmund Wild: Kleine Sprachspiele für jeden Tag
© Persen Verlag

Rauch im Bauch

Klasse	1
Ziele	→ Wörter akustisch (optisch) analysieren → Wörter schnell wiedererkennen
Spiel	Um eine akustische Analyse durchzuführen, spricht die Lehrerin die vier Wörter einer Reihe vor, und die Schüler nennen jeweils das Kuckucksei.
Tipp	Für eine optische Analyse kann die Lehrerin die Seite als Arbeitsblatt einsetzen.

Aufgabe:

Streiche in jeder Reihe das Wort durch, das sich von den drei anderen unterscheidet!

Bauch	Bauch	Rauch	Bauch
Bett	Bett	Bett	Beet
Ring	Ding	Ding	Ding
Ende	Ente	Ende	Ende
Feier	Feier	Feier	Feuer
Fisch	Tisch	Fisch	Fisch
Geld	Geld	Geld	Gold
Glas	Gras	Gras	Gras
Hand	Hund	Hand	Hand
Hase	Hase	Hase	Nase
Haut	Haus	Haus	Haus
Herz	Herz	Herr	Herz
Himmel	Hummel	Himmel	Himmel
Juli	Juni	Juni	Juni
Kopf	Kopf	Kopf	Topf

Das Kind im Wind

Klasse	1
Ziele	→ Wörter akustisch (optisch) analysieren
	→ Wörter schnell wiedererkennen
Spiel	Um eine akustische Analyse durchzuführen, spricht die Lehrerin die vier Wörter einer Reihe vor, und die Schüler nennen jeweils das Kuckucksei.
Tipp	Für eine optische Analyse kann die Lehrerin die Seite als Arbeitsblatt einsetzen.

Aufgabe:

Streiche in jeder Reihe das Wort durch, das sich von den drei anderen unterscheidet!

Kind	Wind	Kind	Kind
Leid	Leid	Leid	Neid
Mädchen	Mädchen	Mädchen	Märchen
Nabel	Nebel	Nebel	Nebel
Nest	Nest	Fest	Nest
Oma	Oma	Oma	Opa
Pappe	Pappe	Puppe	Pappe
Glas	Gras	Gras	Gras
Raum	Baum	Baum	Baum
Regen	Regen	Regen	Segen
Sand	Land	Sand	Sand
Schule	Schale	Schule	Schule
Seife	Seife	Seite	Seife
Tasse	Tasse	Tasse	Kasse
Hahn	Zahn	Zahn	Zahn

Edmund Wild: Kleine Sprachspiele für jeden Tag
© Persen Verlag

Abzählreime in anderen Sprachen

Klasse	1 und 2
Ziele	→ ein Gefühl für den Sprachrhythmus entwickeln
	→ das Gedächtnis trainieren
	→ einen Kinderreim in einer fremden Sprache sprechen
Hinweis	Die Lehrerin spricht die Abzählreime vor oder lässt sie von einem Kind vorsprechen, das die Sprache beherrscht. Die Schüler lernen die Reime auswendig.

Englisch

One, two, three, four,
Mary's at the cottage door.
Five, six, seven, eight,
eating cherries off a plate.

Freie Übersetzung:

*Eins, zwei, drei, vier,
Mary ist an der Hüttentür.
Fünf, sechs, sieben, acht,
hat die Kirschen weggenascht.*

Russisch

Raz, dva, tri, tschetyre, pjat'
Ja idu iskat'.
Kto ne sprjatalsja,
ja ne vinovat!

Freie Übersetzung:

*Eins, zwei, drei, vier, fünf,
ich mach mich auf die Strümpf'.
Wer sich nicht versteckt,
wird gleich von mir entdeckt!*

Polnisch

Koci, koci łapci,
Pojedziemy do babci,
Babcia da nam mleczka.
Będzie mleczka pełna beczka.

Freie Übersetzung:

*Kätzchen, Kätzchen, o wie klein,
wir fahren jetzt zu Omilein.
Omi gibt uns Milch zu trinken,
'ne Kanne Milch und dann noch Schinken!*

Türkisch

Kuzu kuzu me
Bin tepeme
Haydi gidelim
Ayşe teyzeme

Freie Übersetzung:

*Lämmchen, Lämmchen mein,
für dich werd ich mich bücken,
drum steig auf meinen Rücken!
Komm, lass uns jetzt starten,
Tante Ayşe mag nicht warten!*

L

Guten Morgen!

Klasse	1 und 2
Ziele	→ verstehen, dass Sprache der Kommunikation dient → erfahren, wie eine fremde Sprache klingt → erfahren, wie zunächst unverständliche Klänge sich in eine verständliche Sprache verwandeln
Hinweis	In vielen Schulklassen sitzen Kinder mit und ohne Migrationshintergrund nebeneinander. Wenn dann im Schulhofgespräch eine andere als die deutsche Sprache gebraucht wird, fördert das die Entfremdung und führt oft zu Spannungen. Die Lehrerin sollte deshalb alle Sprachen, die in ihrer Klasse gesprochen werden, in den Unterricht einbeziehen. Ähnlich wie im lehrplanmäßigen Fremdsprachenunterricht kann sie die Kinder einfache Formen der Kommunikation lehren. Das beginnt mit der Begrüßung in mehreren Sprachen und führt weiter zur Vorstellung der Person.
Spiel	Die Lehrerin begrüßt die Klasse in den unterschiedlichen Sprachen. Die Kinder antworten entsprechend. Anschließend lernen die Kinder ein kurzes Gespräch (Beispiel Portugiesisch und *Türkisch*).
Tipps	1. Nach diesem Muster schreibt die Lehrerin kurze Dialoge in verschiedenen Sprachen auf und kopiert sie für die Schüler. Die Kinder können damit die Dialoge erlernen und z. B. bei Elternabenden vortragen. 2. Zu Themen aus der Lebenswelt der Kinder lässt sich gut ein kleiner Vokabelschatz aufbauen (Anhand dieser Themen lassen sich auch kulturelle Unterschiede und Gemeinsamkeiten verdeutlichen.): → Wohnen (die Straße, die Wohnung, das Haus, die Zimmer) → Familie (die Mutter, der Vater, die Schwester, der Bruder, der Onkel usw.) → Feste (der Geburtstag, die Kirmes usw.) → Freunde (der Freund, die Freundin, der Spielkamerad usw.) → Hobbys (Fußball, Handball, Schwimmen, Lesen, Radfahren, Computerspiele usw.)

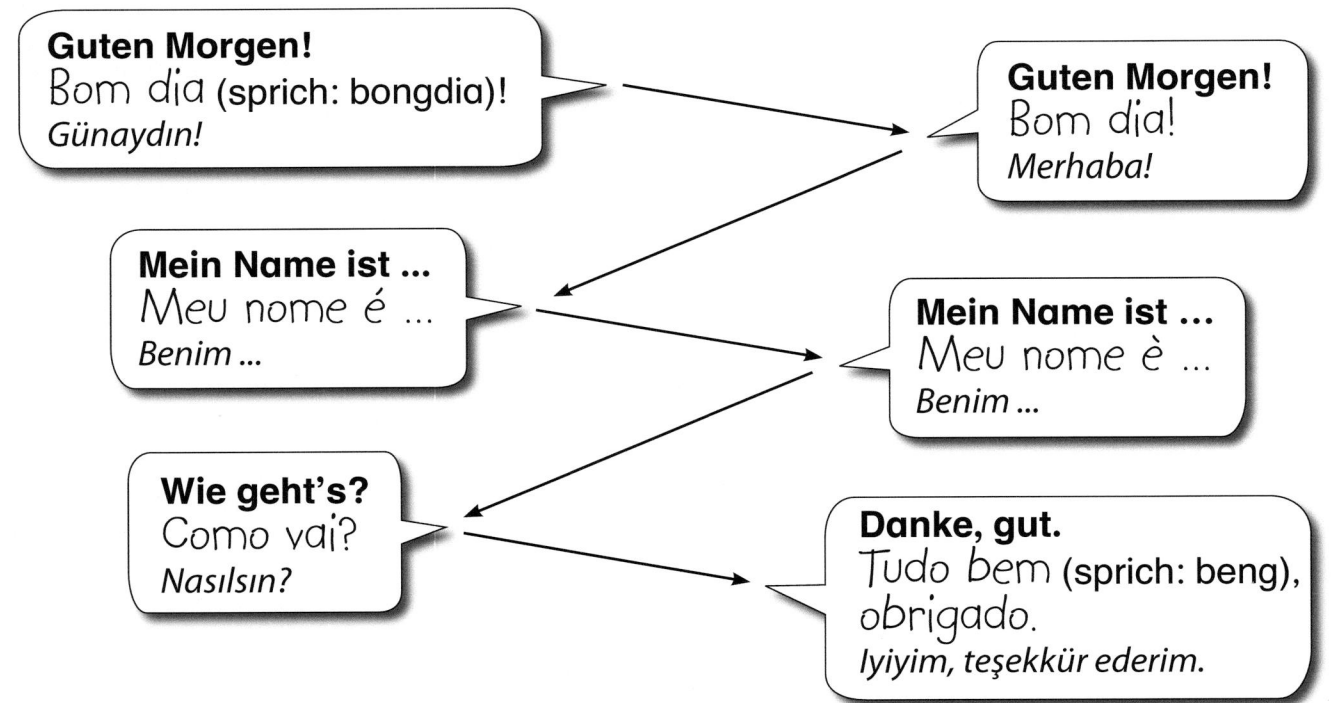

Edmund Wild: Kleine Sprachspiele für jeden Tag
© Persen Verlag